PALAVRAS AO PÔR DO SOL
PROSA E VERSO

Editora Appris Ltda.
1.ª Edição - Copyright© 2023 da autora
Direitos de Edição Reservados à Editora Appris Ltda.

Nenhuma parte desta obra poderá ser utilizada indevidamente, sem estar de acordo com a Lei nº 9.610/98. Se incorreções forem encontradas, serão de exclusiva responsabilidade de seus organizadores. Foi realizado o Depósito Legal na Fundação Biblioteca Nacional, de acordo com as Leis nos 10.994, de 14/12/2004, e 12.192, de 14/01/2010.

Catalogação na Fonte
Elaborado por: Josefina A. S. Guedes
Bibliotecária CRB 9/870

O489p 2023	Olivetti, Maria Lúcia 　　Palavras ao pôr do sol : prosa e verso / Maria Lúcia Olivetti. - 1. ed. - Curitiba: Appris, 2023. 　　98 p. ; 21 cm. 　　ISBN 978-65-250-4107-0 　　1. Poesia brasileira. 2. Prosa brasileira. 3. Memória. I. Título. 　　　　　　　　　　　　　　　　　　　　　　　　CDD – 869.1

Appris
editora

Editora e Livraria Appris Ltda.
Av. Manoel Ribas, 2265 – Mercês
Curitiba/PR – CEP: 80810-002
Tel. (41) 3156 - 4731
www.editoraappris.com.br

Printed in Brazil
Impresso no Brasil

Maria Lúcia Olivetti

PALAVRAS AO PÔR DO SOL
PROSA E VERSO

FICHA TÉCNICA

EDITORIAL	Augusto V. de A. Coelho
	Sara C. de Andrade Coelho
COMITÊ EDITORIAL	Marli Caetano
	Andréa Barbosa Gouveia - UFPR
	Edmeire C. Pereira - UFPR
	Iraneide da Silva - UFC
	Jacques de Lima Ferreira - UP
SUPERVISOR DA PRODUÇÃO	Renata Cristina Lopes Miccelli
ASSESSORIA EDITORIAL	Nicolas da Silva Alves
REVISÃO	Juliane Soares
	José A. Ramos Junior
PRODUÇÃO EDITORIAL	Nicolas Alves
DIAGRAMAÇÃO	Bruno Ferreira Nascimento
CAPA	Sheila Alves

Dedico este livro às minhas antepassadas, bisavó, vó, mãe, que não tiveram voz com as palavras escritas.

PREFÁCIO

Conheci Maria Lúcia em um momento bem peculiar da minha vida. Já na maturidade, os filhos saindo de casa, prestes a aposentar-me da função de educadora, transformada em cuidadora da minha mãe, que foi diagnosticada com mal de Alzheimer. Bem lá no fundo, nesse momento de transição, lembro-me de pensar que estava apenas trocando os cuidados com as crianças, as quais me dediquei por 35 anos, pelos cuidados com a minha mãe. Não seria tão complicado. Ledo engano. Descobri, em pouco tempo, que minha vida virava de cabeça para baixo. As crises de choro e agressividade, a inconstância do humor, as pneumonias súbitas, a necessidade da presença em todos os minutos do dia me levaram à exaustão e a um inimaginável complexo de culpa.

Decidi fazer algo por mim para aliviar o estresse e me matriculei em uma aula de yoga para mulheres na maturidade. Durante uma hora e meia, eu não pensava nos problemas. Meu marido assumia os cuidados com minha mãe nesse momento e eu só queria respirar. E aprendi com Maria Lúcia a respirar fundo. Sim, Maria Lúcia era a professora de yoga. E naquele pequeno grupo com três alunas, encontrei-me novamente. Aprendi movimentos, permanências, respirações e relaxamentos que trouxe para minha vida do lado de fora daquela pequena sala. Entrar naquele espaço e me deparar com aquela professora serena, acolhedora e interessada me trazia momentos de muita paz.

Aos poucos, nas conversas após as aulas, vim a descobrir que ela era terapeuta ocupacional aposentada e que teve um lindo trabalho com cuidadores familiares. O Universo realmente não falha. Pela primeira vez consegui contar para alguém, que eu achava que poderia entender, tudo o que eu vinha sentindo, minhas angústias e meus fracassos em relação aos cuidados com minha mãe. Maria

Lúcia não só se interessou pelo que eu falava, mas me acolheu de tal maneira que consegui enxergar uma outra forma de ver as coisas e encaminhar a minha vida. Posso dizer que viramos amigas. E por amigas eu chamo pessoas que a gente escolhe para fazerem parte da nossa caminhada. Passamos, além das aulas de yoga, a deliciosos cafés em que dividíamos nossos momentos de vida.

Hoje, sei que Maria Lúcia me ajudou imensamente a lidar com as dificuldades pelas quais passei. Sua visão sobre a maturidade, o envelhecimento, o luto, as perdas e a vida como um todo, que tive o privilégio de desfrutar ao lado de uma xícara de café, chega a todos nós agora em prosa e verso. A escrita, repleta da sua história, é praticamente um bate-papo entre amigas. A cada novo texto, transparecem a infância, a família, as memórias guardadas. Como não pensar em nossa própria mochila, e no que guardamos nela, ao ler "De volta pra casa"? Suas histórias nos remetem às nossas, nos identificamos pelo caminho. "Esquisitices da memória", talvez. Não importa. Afinal, o que somos nós senão esse acúmulo de histórias?

Parafraseando você, minha querida amiga Maria Lúcia, "a menina e a velha que estou me tornando e que coabitam em mim" saúdam a sua chegada ao mundo das letras, que agora se privilegia de contar com seus escritos em formato de livro.

Minha sugestão para você que lê este prefácio: coe um delicioso café (ou algo que o valha, se você não gosta de café) e desfrute, lentamente, de cada poema, cada crônica, como se fosse uma boa conversa. Deixe-se levar, instigado pela escrita de Maria Lúcia, às suas próprias memórias e histórias e aprecie sem moderação. Boa leitura.

Irene Prado
Escritora, ilustradora e educadora

SUMÁRIO

SONHAR 11
21.900 PORES DO SOL 12
DE VOLTA PARA CASA 14
MUITOS NOMES 16
CAIXINHA DE SURPRESAS 18
O TELEFONE DE DISCO E A PARREIRA DE UVA 19
DO NADA PARA O NADA 21
O QUE ERA NÃO SERÁ JAMAIS: A DEMOLIÇÃO 22
DORES 24
MÃE EM POUCAS PALAVRAS 25
FILHAS DO FOGO 26
LIVRE FEIRA LIVRE 27
O BURACO NO CÉU 29
AS AMIGAS IMACULADAS 30
POÇO SEM FIM 32
A MÍOPE 33
GESTOS SIMPLES 35
A CARNE DE PANELA DA VIZINHA 36
O MENINO E A BICICLETA 38
O CARTEIRO 39
SABOR AGRIDOCE 40
ATRÁS DO QUE NÃO SE VÊ 41
NA SEMANA DAS ELEIÇÕES FUI AO CIRCO 42
PRAÇA DAS COLEÇÕES 43
LEMBRANÇAS 45
CACHORRO EM DIA DE MUDANÇA 46
AMOR INFINITO 48
UMA TATUAGEM E MUITO AMOR 49

PUPILA ... 50
CHEGUEI AO MUNDO SENTADA ... 51
SESSENTA ... 53
MINHA SAÚDE DE FERRO ... 54
BACALHAU COM FAROFA ... 57
A EXTRATERRESTRE ... 59
NOVENTA ... 61
O ASTRONAUTA, A PRIMEIRA E A ÚLTIMA VIAGEM ... 62
BATE SAUDADES ... 64
ENCONTRO COM A ORFANDADE ... 65
CHEGADAS E PARTIDAS ... 66
DONA CLEO ... 67
MAIS TEMPO, POR FAVOR ... 70
TRANSIÇÃO QUÂNTICA ... 71
JANELA AZUL ... 73
UMA VELHA ESTAÇÃO DE TREM ... 74
FRUTA MADURA ... 75
A RECEITA DA RECEITA ... 76
APROVEITANDO O TRÂNSITO DE VÊNUS EM TOURO ... 78
NÃO TOQUE NO TOCA-FITAS ... 79
AR FRESCO ... 81
AMIGOS, AMIGOS, AMIGOS ... 82
QUEM NUNCA ... 84
PESADELO DE UMA NOITE DE VERÃO ... 85
ENCANTO SEM CUSTO ... 86
O GUIA DAS PROFUNDEZAS ... 88
ESSES DIAS PARA CELEBRAR DATAS PAGÃS E SAGRADAS ... 90
ÁGUA BENTA DA CASA AMARELA ... 91
A DANÇA DOS CINCO ELEMENTOS ... 93
O QUE SERÁ, SERÁ ... 94
PAUSAS, VÍRGULAS E PONTO FINAL ... 96
FINAL QUE NÃO É FINAL ... 97

SONHAR

Acordei
Com cores mil
Centenas de ideias
Bilhões de palavras
Mundo grande
Por que
Sonhar pequeno

21.900 PORES DO SOL

O momento em que o sol cede lugar à lua e às estrelas é um momento de encantamento para mim. É a hora da pausa, do recolhimento e do descanso. É a volta para casa. Agora, na maturidade, aprecio esse momento mais ainda. Maturidade e volta para casa combinam. Um retorno para dentro de mim.

E ainda tenho comigo aquela menina que gostava de escrever cartas, bilhetes em sala de aula e cartões de Natal para todos. E tinha um diário. Por um tempo, por volta dos meus 18 anos, escrevi alguns textos que guardo no baú das recordações. A vida adulta, com as tarefas profissionais e familiares, se encarregou de levar a escrita para longe de mim.

Hoje, esse campo de expressão da escrita volta à cena na minha vida por meio da rede social Instagram. Nunca havia participado de nenhuma, até que a pandemia me fez rever essa posição. Em 2021, abri o perfil: *Maturidade e Cotidiano*. Inicialmente, eu publicava textos sobre o conteúdo da maturidade e envelhecimento. Com o recente falecimento de meu pai, comecei a escrever alguns poemas livres, como uma forma de expressar meu luto. Em paralelo, fragmentos de minha história de vida são resgatados da memória afetiva e os transformei em prosa. Alguns textos compartilhei no Instagram, que recebeu novo nome: *Palavras ao Pôr do Sol*.

E para celebrar os 21.900 pores do sol, estou aqui publicando as palavras nascidas nesse período da volta para casa.

A menina e a velha que estou me tornando e que coabitam em mim convidam vocês a participarem desse passeio por memórias e sentimentos.

Aprendi com esse processo da escrita que nossa memória é pessoal e intransferível. Possivelmente outras pessoas de minha família contariam a história compartilhada de outra forma. Portanto o que está aqui é minha versão. A gente pode misturar memória e nossos devaneios. Por isso somos iguais e diferentes, contraditoriamente. A subjetividade é única.

DE VOLTA PARA CASA

Tempo do retorno

Fui

Muito longe

Passei

Por muitas horas

Minutos

Fiz caminhos

Refiz

Conheci

Esqueci pessoas

Concluí

Pouco preciso

Me convenceram

Que precisaria

Um dia

Fiz a seleção

Item por item

O que sobrou

Cabe numa pequena mochila

Meu chapéu preferido

De sempre

Um casaco

Para me aquecer

Em dias frios

No mais

Lugar de sobra
Em meu coração
Para tudo e
Todos que amei
Os que não amei
Também
São bem-vindos

MUITOS NOMES

Hoje, me chamaram de Maria. Eu? Não me reconheço.

Não gosto de ser chamada somente por Maria. Tem sido recorrente como em e-mails despersonalizados de propaganda e venda:

— Olá, Maria, seja bem-vinda ao clube do livro.

Também acontece quando as secretárias ou os próprios médicos dos consultórios veem somente o primeiro nome da ficha. Não percebem que meu nome é composto: Maria Lúcia.

Para algumas pessoas, esse fato é meramente um detalhe. Mas olhar para meu nome faz parte das minhas andanças por minhas memórias.

Nasci Maria Lúcia. O nome de minha mãe era Lúcia e de minha tia Maria. Somaram os dois nomes. E sei que sou da geração das Marias: Luiza, Clara, Helena, Augusta, Lourdes, Fernanda, Marta, e assim vai. Nome composto talvez seja uma das características de minha geração.

Na pré-escola, eu era chamada por Maria Lúcia. Eu era encantada por outra Maria Lúcia. Era o nome da minha professora que contava histórias no teatro de fantoches e espantava meus medos e temores dos cinco anos.

Na escola básica, me lembro muito de ser chamada também por meu nome composto. Tanto que encontro amigas dessa época e ainda me chamam de Maria Lúcia. Depois dessa fase da infância na escola, meu nome composto se perdeu.

No ensino médio fui Lucinha. Nesse período, me encantei com os versos de Vinicius de Moraes: Teu nome, Maria Lúcia. Possivelmente, foi presente para alguma das inúmeras namoradas que o poeta amou. Depois dessa descoberta, meu desejo era ser chamada de Maria Lúcia e talvez namorar um poeta.

Não adiantava eu gostar de meu nome. Na universidade, e depois no trabalho, era Lúcia, Lú para os íntimos e o famoso Malu das Marias Lúcias.

Recentemente, quando meu pai deu entrada no hospital, desorientado pelo quadro clínico, e o médico perguntou quais eram os nomes de seus filhos, ele respondeu primeiramente: Maria Lúcia. Eu não estava lá para escutá-lo. Me contaram. Foi a última vez que ele disse meu nome.

Entre idas e vindas sobre meu nome, concluo: as pessoas elegeram uma forma de me chamar, independentemente do que prefiro. Tudo bem. Talvez eu somente queira resgatar a menina que se chama Maria Lúcia e que estava distante de mim.

A maturidade estimula a rever muita coisa. Pode se iniciar pelo nome.

CAIXINHA DE SURPRESAS

O que é
A memória senão
Caixinha de surpresas
Tem coisas
Para serem
Esquecidas
Não são
Outras
Gostaríamos de lembrar
Por vezes
São esquecidas
Esquisitices da memória

O TELEFONE DE DISCO E A PARREIRA DE UVA

As casas de nossa vida e objetos registram nossas histórias cotidianas e deixam pistas para as futuras recordações.

Nasci na cidade grande, capital, numa casa de vila; uma colada na outra. As casas eram compridas, estreitas e escuras. A gente escutava o vizinho e o vizinho escutava a gente.

Quando eu tinha três anos, minha família se mudou para uma cidade do interior e ficamos a vida toda por lá. Morei somente em duas casas.

A primeira casa fazia parte de uma trilogia de casas. Eram iguais e lembravam a vila que nasci. Eram térreas. Tinha um porão que ficava sob a pequena garagem. Nunca podia ir ao porão por conta das escadas. Perigo para crianças. Minhas fantasias infantis sobre o local que ficava embaixo da casa eram muitas. A maioria delas vinha do reino dos fantasmas e monstros. Apesar de lá viverem apenas os móveis e jornais velhos.

Meu pai era vendedor, e por conta disso fomos os primeiros moradores da rua a ter telefone em casa. Era um telefone grande, pesado, preto e com a discagem em disco. Ficava na pequena sala, perto da televisão. O som da televisão sempre brigava com as conversas ao telefone.

E por conta do telefone, minha casa e minha vida eram movimentadas. Era um tal dos vizinhos irem fazer interurbano para os parentes de longe. Meu pai anotava no caderninho para não dar confusão o dia e o tempo de uso do telefone. Depois, enviava o valor da conta que cabia ao vizinho.

Eu, pequena, adorava ouvir as conversas dos adultos. Tinha envio de beijos e abraços por interurbano. Algumas conversas eu não entendia nada. Discussão de gente grande.

Passamos uns cinco anos na casa que parecia uma central telefônica. Depois, nos mudamos para uma casa na rua acima. Era a casa com um banheiro e uma banheira e o famoso bidê das casas anos 60. Para mim, no verão, a banheira era uma piscina. E a cozinha era suficiente para caberem minhas tias, em dia de festa, fazendo nhoque e colocando as conversas em dia.

A minha lembrança mais querida é sobre o quintal com uma parreira de uva que fazia um grande sombreiro. As festas de final de ano eram na minha casa. E a parreira de uva foi também a fiel testemunha das brincadeiras e brigas entre os primos e primas.

No final da década de 70, meu pai aumentou a casa, pois meu avô foi morar com a gente. Quem teve que ir embora para meu avô chegar foi a parreira de uva. Sofri. Eu amava o quintal com a parreira de uva. Ainda sinto o aroma da fruta madura. Havia uma espera ansiosa para a chegada do final do ano. Era a época da colheita dos cachos. Meu quintal não era uma Toscana. Mas era uma atividade prazerosa. Outra imagem colada à da parreira de uva é uma fruteira azul com os cachos de uvas roxas. Ela ficava ao centro da mesa dos almoços de final de ano. Todo ano a mesma fruteira, no mesmo lugar, com o mesmo sabor de infância.

Eu morei pouco tempo na casa sem parreira de uva. Meus primos foram casando-se, como eu também, e os tios envelhecendo e morrendo. E os encontros com a grande família terminaram. A parreira morreu e tudo se foi com ela.

DO NADA
PARA O NADA

Fugazes momentos
Em que não tenho
Nada a dizer
Esgoto
Tudo
Para o esgoto
Até o arsenal de palavras
Fico sem mundo
Muda
Sou nada
Que destino duro
Nesses instantes
Não me visto
De palavras
Fico nua
Desprotegida
Porque somente
Sinto muito
Por dor pregada
Em minha alma

O QUE ERA NÃO SERÁ JAMAIS: A DEMOLIÇÃO

Passei pela rua da minha infância e adolescência recentemente. Encontrei um lado da rua desolado, as casas sendo demolidas. Máquinas potentes ocupavam a rua. O barulho era constrangedor, me lembrou aqueles filmes de guerra. Parei e perguntei para os funcionários que operavam as máquinas o que estava acontecendo. Me responderam direto: construção de prédios de apartamentos. Percorri os olhos por todo o terreno; minha memória acessou as casas com seus antigos moradores, meus vizinhos.

A casa amarela, gema de ovo, era de Dona Marta, japonesa que vendia coxinhas e doces coloridos maravilhosos de festa. Eu passava lá de vez em quando para saber se precisava de algo da feira semanal ou do empório. O empório era na rua acima da minha e eu tinha autorização para ir lá sozinha, por volta dos dez anos. Dona Marta, gentilmente, como que adivinhando meus pensamentos, dava amostras grátis das guloseimas. Era minha estratégia inocente de criança para ganhar um doce.

A outra casa era de Virginia, a cabeleireira e manicure. Todas as fofocas da rua eram compartilhadas dentro de seu salão. Ela pintou minhas unhas de esmalte cor zaza pela primeira vez. Seu irmão, o Rodrigo, era bonito toda vida. Em meus devaneios de adolescente, um dia eu iria namorar com ele. Nunca olhou para mim. Em certa ocasião, Virginia disse que ele iria se casar e ir embora do bairro. Fiquei demolida.

Outro vizinho era a casa do Seu Francisco que consertava geladeiras e máquinas em geral. De dia, sóbrio, era um. De noite, alcoolizado, era outro. Mas sabia muito sobre as velhas máquinas. Colocava-as para funcionar novamente em um curto espaço de tempo. Ele fazia algumas perguntas sobre a máquina para minha mãe e rapidamente prescrevia a solução: falta lubrificar o motor.

Também estavam colocando abaixo a casa da Dona Consuelo, costureira de mão cheia. Ela já era velha desde que me lembro dela. Chegou quase aos 100 anos de vida e morreu recentemente. Dona Consuelo foi a grande amiga de minha mãe. Ela também costurou meu vestido de 15 anos; tirava minhas medidas e dizia: _precisa engordar, Maria Lúcia. Moça magra é feio. Outros tempos.

E a casa que fechava o quarteirão era de uma família de origem árabe, chamavam de casa do turco. Casa grande e sede antiga de uma grande chácara que depois de loteada deu nome ao bairro.

Apesar de conhecer e frequentar a casa dos antigos vizinhos, brinquei pouco nessa rua. Minha mãe tinha medo de deixar minha irmã e eu soltas. Tinha uma família de cinco meninas que moravam no nosso quarteirão que, segundo minha mãe, eram sapecas demais.

Nesse dia da demolição, meu coração doeu. Eu vi cacos de telhados e paredes no chão misturados com as minhas memórias: o que era não será jamais.

DORES

Terra
Faz
Uma volta
Todo dia
Ao redor
De si mesma
Um lado
Fica de frente
Para o sol
Outra parte
Contra a luz
Nasce o
Dia
Luz
Anestesia
Nasce
Escuro
Noite engole o dia
Despertam as
Dores
Desamores
De todo dia

MÃE EM
POUCAS PALAVRAS

Minha mãe nasceu no final da década de 1920, numa cidade às margens do Rio Tietê.

O que dizer do grande sonho dela, "ir além de assinar seu nome"? Como muitas pessoas de sua geração que nasceram em áreas rurais, não conseguiu frequentar escola com regularidade e, portanto, não se alfabetizou completamente. Ela era uma mulher de poucas palavras. Mas de vez em quando, contava para mim e minha irmã histórias de sua infância, por exemplo, que a escola mais perto de sua casa era por volta de dez quilômetros de distância. Não havia transporte. Além disso, falava do trabalho no campo. Crianças ajudavam na lavoura ou cuidavam dos irmãos menores para que os pais e os outros irmãos mais velhos pudessem ir para o trabalho. Quando jovem, ela mudou para a cidade grande para trabalhar nas tecelagens italianas. As escolas para adultos, contudo, continuavam indisponíveis.

Minha mãe se sentia envergonhada por não ser "letrada". Ainda me lembro de eu menina fazendo lição de casa, na mesa redonda da cozinha, no horário que ela estava colocando comida na panela para o almoço. Eram aromas de azeite e cebola frita. E ela ao lado, sem poder ajudar nas minhas dúvidas das letras e dos números.

Está impressa em minha alma a trajetória das minhas antepassadas: bisavó, avó, mãe, todas marcadas pela pobreza e com dificuldade de acesso à educação formal. Trago em mim os limites impostos principalmente às mulheres que nasceram nos séculos passados.

Mãe, seja onde a senhora estiver, apesar de tudo, saiba que para a senhora faltaram palavras, e para mim sobram.

FILHAS DO FOGO

Vou pegar carona
No foguete do vento
Ser levada

Vou pisar descalça
Em terra firme
Que afunda
Respirar
Um pote de oxigênio dourado
Abraçar água salgada
Escutar o que ainda
Não foi dito
Por mim
Por outro
Vou liberar espaço
No disco rígido
Ocupar o desconhecido
Novo instante
Deixar uma ausência

Tempo de ouvir
Canto
Das filhas do fogo
Esquecidas
Nas asas da sabedoria

LIVRE FEIRA LIVRE

Minhas quintas-feiras infantis eram diferentes pelas manhãs. Eu era ajudante de minha mãe para ir às compras na feira livre do bairro. Acordava e me aprontava rapidinho. Não queria perder o passeio e o que vinha com ele.

Uma aventura acontecia pela rua: eu, minha mãe e o barulhento carrinho de feira. Na ida era descida. Na volta, além da subida, havia o peso das compras. Ainda me lembro, em dias de calor, do desconforto e de leves reclamações de minha mãe.

A feira era muito longa. Logo na chegada, o cheiro da barraca do pescado forte que não passava desapercebido. Tinha semana que minha mãe já deixava reservado o cação fresco, e em outras a sardinha com o dono da barraca.

Havia barracas dos dois lados da rua, como as de verdura, frutas, ovos, carnes e seus miúdos. E na metade da feira reinava a barraca do pastel. Nem sei por que ele me seduzia tanto. Esse era meu prêmio do dia: um pastel.

E a feira continuava, além do reino do pastel, com barracas não só de comidas: utensílios domésticos, roupas e calçados. Também tinha a barraca do conserto de panelas. A gente sempre trocava a borracha da panela de pressão ou o cabo de uma das velhas panelas que se soltavam. A feira livre oferecia tudo que precisávamos.

Nós demorávamos um pouco nas compras porque cada barraca tinha uma conversa. Os feirantes eram quase amigos. E quando encontravam os vizinhos, a conversa se esticava. Falavam dos velhos doentes, das crianças que nasceram e de quem se casou. Ou qualquer outra bobagem. Coisas simples e cotidianas.

De vez em quando, minha mãe passava nas tendas das gulodices: bolachas, doce de leite, de abóbora, de batata, pé de moleque, paçoca. Total alegria.

Em minha cidade, são poucas as feiras livres que sobreviveram à passagem do tempo. Outros tipos de comércio as substituíram. Mas quando estou passando por alguma parte da cidade em que há uma feira livre, eu paro e não resisto ao pastel. Ainda me chama, quentinho, com queijo derretido e um acréscimo de vinagrete.

O BURACO NO CÉU

Tem dias

Que olho

Para o céu

Procurando respostas

Para minhas

Intermináveis

Perguntas

Encontro um buraco

Dele emana uma luz

Não responde direto

Às minhas dúvidas

Mas me diz

Que as respostas

Estão é mesmo

Dentro de mim

Aqui

Cabem o Céu

E o Inferno

AS AMIGAS
IMACULADAS

Meio da tarde. Cheguei na rua que me é conhecida.

Minha amiga Cristina me esperava. É amiga antiga da escola básica. Nos reencontramos faz pouco tempo, por meio de outras amigas do mesmo colégio.

Apertei o interfone e me identifiquei. Falei seu nome ao porteiro e toda a história compartilhada de nossa infância a chamou junto.

Cristina está passando por um desafio muito grande: problema de saúde grave. O que fazer nesses momentos? Levei meu afeto e meu abraço. Levei também um bolo de mandioca e uma flor delicada, igual a ela. E assim foi uma tarde de confissões sobre filhos, tempo do trabalho e a saúde. O bom e o ruim da vida.

E cada vez que olhava para minha amiga, as cenas compartilhadas em nosso colégio criavam vida novamente dentro de mim.

Eu e ela pisamos o chão imaculado, limpo por demais, de um colégio católico. Beijamos as mãos das madres superioras, também imaculadas. Depois, nem o hábito de beijar as mãos e nem o próprio hábito, a roupa das freiras, resistiram ao tempo.

Nós reverenciamos semanalmente, em fila, a bandeira do Brasil. Cantamos o Hino Nacional e invejamos a menina de sorte que era escolhida para hastear a bandeira. Coisas de criança.

Em sala de aula, sentamo-nos em frente aos quadros com fotografias dos presidentes Medici e depois Geisel que estavam pendurados acima do quadro negro, que era verde.

Pisamos naquele pátio imenso de pedras cor de cimento. Quando caíamos, o Mertiolate aparecia com as madres enfermeiras e ardia muito. Parecia uma penitência.

Por vezes, dividimos a lancheira à sombra de uma árvore qualquer. Éramos daquelas que não usavam a lanchonete. Misto-quente e refrigerante somente de vez em quando.

Ainda usamos vários uniformes: das saias xadrez que batiam nos joelhos até as calças compridas. No meu caso, foram oito anos uniformizada.

Dançamos na festa junina. Metade da turma era menina vestida de menina e outra metade era menina vestida de menino. Era no sorteio.

E por volta dos nossos 12 ou 13 anos, observávamos as meninas espoletas, aquelas que pulavam o muro para matar aula. Quanta coragem! Eu e minha amiga saboreávamos a aventura alheia. Destino dos tímidos.

O ensino médio, não tão imaculado, me esperava em outras esquinas com portões abertos, sem uniforme e bandeira hasteada. Com esses quatro anos vieram amigos adolescentes embalados por muito violão, teatro e, finalmente, namoros.

As cenas do colégio imaculado passaram à minha frente, em segundos, naquela tarde. Eu e minha amiga de infância não dividimos mais a lancheira, mas um bolo de mandioca com café.

POÇO SEM FIM

Eu não sabia
Sou bonita
Porque
Tenho um jardim
De jasmim
Dentro de mim
Sou uma velha
Desconhecida
De mim mesma
Quanto mais conheço
Meu desconhecido
Descubro
Sou um poço sem fim
Que exala
Cheiro de jasmim

A MÍOPE

Lá pelos meus oito anos, a professora chamou meu pai na escola.

— A menina não está enxergando direito. É bom levar ao oculista — disse em tom de ordem.

E fomos, meu pai e eu.

Nós chegamos ao médico. Ele colocou uns cartazes na parede para eu identificar as letras. Conforme eu não respondia mais, ele foi colocando lentes em um grande aparelho.

E o primeiro milagre aconteceu. Em uma determinada lente, eu vi o mundo nítido. O mundo era borrado para mim e eu não sabia; outro mundo existia.

Saí do médico com uma prescrição de três graus e meio para corrigir a miopia do olho direito. O esquerdo estava melhor.

Assim, iniciei minha carreira de pessoa míope. Conforme eu crescia, a miopia ia junto também, e as lentes dos óculos engrossavam. Cheguei aos dez graus de miopia, com direito a óculos fundo de garrafa.

Usei lentes de contato de acrílico no ensino médio. Eu ia jogar vôlei com a turma e elas pulavam do olho. Paravam o jogo por mim. Todos ajudando a achar a lente. Depois, lentes de contato gelatinosas vieram, mas nunca gostaram de mim e nem eu delas: alergia.

Com o tempo, os óculos fundo de garrafa cederam lugar para lentes mais finas e leves.

Até que, ao final dos anos de 1990, meu médico da época sugeriu fazer a cirurgia de correção de miopia. E lá fui eu, literalmente com o olho e a coragem.

Nessa cirurgia, o segundo milagre aconteceu. Tirei os tampões e estava enxergando tudo sem apoio de nada. Chorei sem poder chorar.

Fiquei uns dez anos totalmente independente de recursos óticos, com liberdade. Até aprendi a nadar, que era um sonho.

Depois a miopia voltou um pouco, mas dentro de um padrão aceitável.

Sempre serei míope. Só enxergo as coisas de perto. Seleciono.

Mas a vida é interessante. Com essa minha idade, em que todos usam óculos para perto, chamados de leitura, eu não preciso. A miopia me ajuda. Leio cardápio e bula de remédio para os amigos que esqueceram os óculos. Uma espécie de recompensa do destino.

GESTOS SIMPLES

Rodamos por aí
Num repente
Singelos gestos
De ajuda
De convivência
De solidariedade
Acontecem
Eles
Utopicamente
Não mudam todo o mundo
Mas o meu mundo
Em que cabem
Tantos mundos

A CARNE DE PANELA DA VIZINHA

Chegávamos juntas do colégio do ensino médio. Duas adolescentes esfomeadas. Em alguns dias, minha melhor amiga da época dizia ao final do trajeto do ônibus urbano:

— Vamos almoçar e estudar lá em casa. Hoje tem carne de panela.

Não precisava falar duas vezes. Descíamos do ônibus e voávamos pela rua, como que seguindo o aroma da comida que nos esperava.

Chegando na casa da minha amiga, a primeira cena que via era sua mãe, em frente ao fogão, acelerada, preparando o almoço. Senhora pequena, quando eu ia lhe dar um abraço, eu tinha que me abaixar. Muito clara de pele e uns olhos azuis que brilhavam. Estava sempre feliz, ao contrário da minha mãe. Depois que minha irmã mais nova se foi para o Céu como anjo, minha mãe nunca foi a mesma. Dor de tristeza.

O pai de minha amiga era sério. Trabalhou no juizado de menores. Tinha a tarefa de colocar limites na juventude. Após a aposentadoria, ele nunca mais saiu da frente da televisão. Ele e o cigarro.

— E aí, Seu Jorge? Esse seu time ganha hoje?

Era uma vida pacata a dos pais de minha amiga. Mas eu gostava de estar lá na casa deles.

O aroma da carne de panela atravessava a sala e chegava no portão, lá fora. Dona Alzira caramelizava a cebola e a carne ficava dourada. Aquela carne desmanchava na boca, com arroz branquinho e ainda uma salada de alface com tomate, temperada somente no sal, óleo e vinagre.

Enquanto o almoço não ficava pronto, eu ia visitar a Elen. Uma tartaruga de estimação que eles tinham no quintal. Eu observava o seu andar lento e cadenciado. Eu conversava com ela, mas logo ela escondia a cabeça no seu casco. Parecia que ela não aguentava minha conversa. Lembro-me muito de Elen. Queria ter um casco para me esconder, de vez em quando, como o de Elen, principalmente naqueles tempos.

E a gente se sentava a mesa, eu, minha amiga e seus pais, e conversávamos da novela, dos vizinhos, da escola e do futebol. Assuntos do cotidiano.

No meio da tarde ainda tinha bolinho de chuva com café, enquanto estudávamos, Dona Carmem aparecia com o lanche da tarde e espiava se estávamos estudando. Mãe é mãe.

Me recordo que minha amiga e seus pais adoravam dançar. Aos finais de semana, frequentavam bailes juntos. Cheguei a acompanhá-los algumas vezes.

Por onde anda minha amiga? Perdi. Deve estar a dançar nos bailes da vida.

Quanta gente passa por nós. Uns ficam, outros não. Uns ressurgem. Outros desaparecerem.

O MENINO E A BICICLETA

Para ele com amor infinito

O menino agora
Perdeu o limite da mãe
Que com o medo
De perder seu menino
E com medo de seu medo
Limitava a bicicleta
E hoje, o menino foi
Com o vento da liberdade
Em seu coração
Ganhar as ruas
Da cidade
Que não é sua
Feliz
Com a sua bicicleta
Sem limite

O CARTEIRO

Não lembro o nome dele. Sei que ele era baixo e esquisito para meu padrão de adolescente. Carregava um malote quase maior que ele mesmo. De qualquer forma, ele era meu amigo. Era ele quem transportava as notícias de meus correspondentes semanalmente.

Eu escrevia cartas que eram verdadeiros diários. As devoluções não eram necessariamente na mesma medida. Dependia do amigo e do grau de intimidade. Pensando agora, talvez, eram as primeiras prosas que escrevi. Contava sobre minha semana e dividia aquelas angústias existenciais de qualquer adolescente. Reclamava do pai e da mãe. E quando necessário, aconselhava aquele amigo em desespero porque terminou o namoro.

Esperar era o verbo mais praticado por nós, os adolescentes das cartas. Não havia imediatismo. Havia paciência para as boas e más novas.

Meu conhecido carteiro era um pouco teatral. Ele poderia colocar as cartas embaixo da porta, mas insistia em me entregar em mãos. Chegava gritando quando não era eu esperando por ele na porta de casa. Os carteiros tinham horários previsíveis.

— Ô, Maria Lúcia! Hoje tem carta de João — dizia ele num tom irônico. — Estava esperando de outra pessoa, não é? — completava. Ele tinha meu histórico de espera da correspondência e reconhecia no meu rosto quais cartas eram ansiosamente aguardadas.

Mantive por um tempo os tesouros das cartas. Depois, o próprio tempo foi se encarregando de abandoná-las. Não porque não eram importantes, mas pelo volume de saudades que iam deixando em minha vida.

Penso sobre as infinitas cartas trocadas por escritores, por amantes e por todas as pessoas comuns como eu, em tempo de comunicação virtual: são tesouros.

Tenho uma caixa de correio em frente de casa. Sempre vazia. No máximo boletos para pagar e propagandas.

SABOR AGRIDOCE

Para ela com amor infinito

Em uma casa pequenina
Você nasceu
Plantei um quarto verdinho
Somente para você e eu

E enchi de sonhos
Primeira filha
Chegou no momento certo
Em que meu afeto
Transbordava
Por uma esperança

De sono longo e tranquilo
Um doce de meiguice
Um agridoce agora
Que aprendeu novos sabores

ATRÁS DO QUE NÃO SE VÊ

Embaixo do guarda-sol natural de uma árvore, só observei. Lá embaixo, pertinho da água azul e transparente do mar, tinha gente. Algumas famílias, casais e pessoas sozinhas. Só no deleite. Uns ao mar, outros sentados com suas leituras e uns conversando. Ainda outros caminhavam ou corriam. O carrinho do sorvete passou e crianças saíram correndo debaixo da barraca do guarda-sol em busca do doce que refresca. Cenas de um dia de verão na praia.

O azul estava de um azul tranquilo. Tanto no céu como no mar, e a temperatura daquelas que estar sob a sombra é prudente.

Enquanto todas as cenas se desenrolaram atrás dos meus óculos de sol, vejo uma família chegando, entre sacolas, guarda-sol e geladeira de isopor. São quatro gerações: um senhor bem idoso, possivelmente um bisavô; um casal de meia idade, os avôs e o casal jovem com seu pequeno bebê.

O casal com seu filho ainda nas fraldas se derreteu com cada passo cambaleante, com cada sorriso da criança. A mãe abraçou o pequeno, caiu na areia e rolou feliz sem desabraçá-lo. O pai surgiu rapidinho com a câmera e filmou a cena. Filmou a felicidade em doses homeopáticas. Com certeza essa imagem ficará gravada para lá na frente, quando o pequeno estiver grande, reviverem a saudade.

Os avós chegaram juntos na cena, relembrando possivelmente o tempo em que os pais do pequeno neto também eram pequenos. E assim renascem as lembranças em variados tempos.

E eu só observei o ir e vir da onda e da vida que também chega e se vai. Da finitude que não é finitude. Recomeçamos tudo novamente nos que nos descendem.

NA SEMANA DAS ELEIÇÕES FUI AO CIRCO

Cortinas se abrem
Para o show
Pura fantasia
Picadeiro desfila
Eleita ilusões
Palhaços disputam
Quem é mais palhaço
Mágicos se apresentam
Com os enganos de sempre
Malabaristas
Se equilibram
No fio da navalha
Ao mesmo tempo
Risos
Muitos risos
E aplausos
Ecoam
De todos os lados
Colorido espetáculo
Visto também
Em preto e branco
Da vida para o palco
Do palco para a vida

PRAÇA DAS COLEÇÕES

Em uma cidade pacata, no interior de São Paulo, acontece anualmente um evento para colecionadores de carros antigos. Além dos carros em exposição, há barracas para venda de objetos usados. Imagine algo. Lá tem. Discos de vinil, moedas, livros e os aparelhos que tocam os discos, vitrolas. Brinquedos e todo tipo de antiguidades. Peças dos carros antigos, de parafuso a pneu.

A praça se torna um museu a céu aberto com objetos usados que guardam histórias anônimas de quem os usou. Por quatro dias, a pequena cidade para. Tudo gira ao redor da praça, com os colecionadores e suas coleções. E com os vendedores que vendem os tesouros colecionáveis.

É comum, conforme se caminha pela praça, encontrar as rodas de conversas que giram com os amantes colecionadores e seus objetos amados, dos mais caros aos mais simples.

Numa esquina, a mulher que vende moedas especiais ofereceu para mim uma aula sobre como colecionar moedas antigas, e eu nem sou colecionadora. Escutei e agradeci.

Em outro canto, escutei o moço que veio de Salvador em comboio de 15 carros antigos contar suas aventuras na estrada em detalhes, com um orgulho de dar inveja.

Não entendo de carro. Acompanho os amigos que gostam. Mas aproveito a praça e escuto tantas histórias espalhadas por becos e esquinas protegidas pelas sombras das árvores.

E assim fiquei um dia inteiro na praça dos colecionadores e em alguns momentos me desenroscando das pessoas. Era uma coleção de pessoas.

Aproveitei e estimulei minha memória e lembrei de alguns carros que via na minha infância e adolescência: Fuscas, Mavericks,

Kombis, Passat, Opala, Decave, Gordini. Eram muitos, dos populares aos mais caros.

Num espaço amplo da feira, também havia uma praça de alimentação com barracas de comida que se misturavam com os carros e objetos antigos. Como em todo evento e em qualquer festa, tinha hambúrguer, batata frita, pastel, sanduíche greco e comida japonesa. A última coleção visitada: comida.

Depois de ver tantas coleções, posso dizer: eu gosto mesmo é de coleções de palavras.

LEMBRANÇAS

Às vezes
A gente acorda
Com uma lembrança
De algo
Que poderia
Ter sido
E não foi

CACHORRO EM DIA DE MUDANÇA

Era mais uma mudança de casa. A primeira com cachorro. Lilica tinha chegado em nossas vidas fazia pouco tempo e era fruto da insistência de minha filha para ter um cachorrinho. Lilica chegou numa casa e se mudou com a gente para outra quando tinha dois anos.

Uma manhã dessa primeira semana de casa nova, eu estava recebendo caixas da mudança. Filhos na escola. Fazia um tempo que não via sinal da Lilica.

— Alguém viu uma cachorrinha por aí? perguntei aos funcionários da entrega.

— Não, senhora.

Comecei a procurar, chamando a pelo nome. Iniciei a busca por perto; olhei embaixo dos móveis, fui aos cômodos, até chegar no quintal. Não encontrei a cachorrinha. Ela ainda estava perdida no novo espaço. Não tinha definido seu canto de preferência.

Fiquei preocupada. Dei mais uma volta e gritei "Lilica", em quase desespero. Meu coração bateu mais forte. Ela deve ter saído na rua, pensei. Uma cena de perigo se adiantou em minha cabeça: foi atropelada. Depois, minha cabeça continuou a pensar sobre todas as possibilidades mais nefastas para o fim da cachorra: alguém levou a embora; está presa em alguma construção ou qualquer outro perigo para um ser tão pequeno e indefeso.

Estava próxima a hora do retorno das crianças. E eu pensando no que dizer para eles.

Minha filha era quem chegava em casa e já ia atras da cachorra. Gritou seu nome, sem saber de nada. Escutamos umas batidas na porta do quarto. A menina se dirigiu para lá e abriu a porta. Lilica estava lá e ao som da voz de minha filha, se manifestou.

Até hoje, não sei o que aconteceu. Possivelmente, Lilica brincou de esconde esconde comigo. Só que eu não achei graça na história.

Lá na frente quando estive no hospital veterinário em que Lilica passou os últimos instantes de sua breve longa vida, viveu conosco por 17 anos, eu limpei minha mágoa:

— Você lembra do susto que você me deu quando você tinha dois anos?

Eu juro que vi um leve sorriso em sua boca, mesmo sabendo que cachorro não sorri. Depois ela fechou os olhos e partiu. Foi a primeira partida que participei.

AMOR INFINITO

Não sei
De onde chega
Tanto amor
Desde a primeira sensação
Da confirmação
Sou mãe
Desde a primeira vez
Que carrego
Em meu colo
O ser pequeno
Leve de qualquer pecado
Será eterno esse amor
Qualquer sorriso
Qualquer palavra
Preenchem
Meu coração
O ser pequeno
Cresce
E para selar o amor
Eterno
Sofro por um instante
Instante de amor infinito

UMA TATUAGEM E MUITO AMOR

— Mãe, vamos fazer uma tatuagem igual?
— Não, filha. Não gosto e deve doer, mas te acompanho — respondo.
Eu não queria que ela fosse sozinha. Era sua primeira tatuagem. E fomos. Pegamos a estrada. E eu pensando: "Faço ou não faço? É um pedido de minha filha." Eu e ela com um uma mesma marca no corpo, unidas pelo símbolo do amor infinito. Esse era o desenho escolhido por ela anteriormente.
Era época de Dia das Mães. Chegamos no tatuador. Lugar bom e limpinho. Indicação de amiga que sabe das coisas. Minha filha conversou com o tatuador e explicou o que queria. Fiz perguntas técnicas para ele, pertinentes a uma mãe preocupada com a filha. Já faz alguns anos esse episódio.
Ela se deitou na maca, decidida, e fez sua primeira tatuagem: simples e tão importante para ela.
Eu chamei o menino tatuador de lado e perguntei:
— Dói?
— Não, senhora. É pequena.
Respondo imediatamente antes que a coragem fosse embora:
— Manda ver!
E assim, saí de lá com minha primeira e única tatuagem e acompanhada de meu amor infinito.

PUPILA

Pupila dilata
Olha
Tanta beleza
Perdida
Na penumbra
Só não enxerga
Quem não quer
Sol doura o dia
Lua colore a noite

Luzes na sombra
Despertam esconderijos
Do meu coração

CHEGUEI AO MUNDO SENTADA

Desde o falecimento de meu pai, na tela de minha memória não param de passar pequenos filmes de curta-metragem sobre minha infância e adolescência. Uns são leves como Sessão da Tarde, outros mais para Almodóvar.

Estava eu meditando em posição pernas cruzadas, a meia pose de lótus do yoga, e isso me trouxe uma velha história:

Minhas tias, irmãs e cunhadas de minha mãe se reuniam com frequência em rodas de conversa na minha casa. Nós, as crianças, brincávamos ao redor. Eu tinha o hábito de escutar parte das conversas. Criança curiosa por demais.

Uma tarde, entre as fatias de bolo e café que alimentava as conversas das tias, as escutei comentando sobre uma prima delas que estava com uma gestação de risco. Logo, foram relatando sobre as suas próprias. Tia Lourdes teve cinco gestações, mas eu conheço quatro primos. Tia Maria demorou para engravidar, já tinha quase desistido quando conseguiu ter a minha prima Vera. Tia Luiza teve três meninos, porém ela confessou que queria mesmo uma menina. Tia Vilma falou que as crianças dela escorregavam, nasciam rápido, nem dava tempo de chegar ao hospital. Chegou a vez de minha mãe:

— Vomitei a gravidez toda de Maria Lúcia e ainda ela não virava para nascer, por isso a cesárea. Ela estava sentada, com as pernas cruzadas.

Essa conversa virou lenda para mim. Eu era a única criança da família que nasceu sentada e deu trabalho para nascer. Criança escuta e guarda as palavras e a sensação: fiz minha mãe sofrer.

Sabe-se que a melhor posição do bebê para nascer é cefálica, virado de cabeça para baixo na barriga da mãe, e eu estava na posição chamada pélvica, ao contrário da esperada. Nos últimos meses de gravidez, o fenômeno da virada ou encaixe do bebê deve ocorrer. E eu, pessoa rebelde, não o fiz. Há vários motivos fisiológicos para um bebê não se encaixar para nascer. Mas não são suficientes para mim.

A sensação que tenho ao lembrar desse final de conversa sobre meu nascimento é de: daqui não saio, daqui ninguém me tira.

Pode ter tido outras causas para eu nascer meditando. Estou descobrindo. A maturidade é um ótimo tempo para descobertas sobre si. Descobrimos muitas coisas. Nunca paramos de nos conhecer. Até o final.

SESSENTA

Sessenta
Parecia longe
Me causa certo
Susto
Espanto
Por estar mais perto
De algum dia
Encontrar outro lugar
O paraíso prometido
Vai ter aroma de flores?
Vai ter onda do mar?
Vai ter pôr do sol?
Riso de criança?
Abraço querido?
Dizem que no paraíso
Prometido
Não preciso de nada
Mas eu só conheço
Um paraíso
Aquele
Não prometido

MINHA
SAÚDE DE FERRO

Eu me considero saudável. Contudo, os 60 anos apontam na esquina. Resolvi fazer um check-up. Aqueles exames que bisbilhotam a vida de todas as células do corpo. Prevenir é melhor que remediar, como diz o sábio ditado.

A primeira ideia foi ir a um médico da medicina integrativa. Marquei consulta. Cheguei ao médico.

Mesmo antes de entrar no consultório, a recepcionista entregou um longo questionário para eu responder. Nessa altura da vida, estou um pouco cansada dos interrogatórios: toma remédio, dorme bem, é ansioso? E por aí vai. Porém, também sei que para o médico é importante saber o máximo possível dos hábitos. Preenchi o questionário sem reclamar.

Aguardei a consulta num sofá da recepção e não tinha televisão. Não gosto das salas de espera com a televisão ligada, geralmente nos noticiários desanimadores. Sempre penso: a pessoa vai ao médico, possivelmente não está bem e fica pior com o noticiário. Por mim, sala de espera de médico poderia ter música instrumental e aroma de lavanda.

Depois de um tempo de espera, peguei um copo de água. Uma pergunta do questionário era quanto de água bebia por dia, e eu sentindo um pouco de culpa, tomei um copo rapidamente. Duzentos mililitros salvos no dia.

Olhei ao redor. Poucos pacientes, a maioria com mais de 60 anos. A tentativa, creio, é salvar nosso processo de envelhecimento. Eu estou entrando nessa turma.

Logo, entrei no consultório. Tinha consciência de que seria a primeira consulta. E sem os exames laboratoriais, não há como ter veredicto sobre minha saúde.

O médico se apresentou e tinha um aspecto gentil e simpático.

— Eu sou Carlos. Trabalho com medicina integrativa. Meu objetivo é que as pessoas tenham uma longevidade saudável.

Antes de responder ou completar a bonita frase do médico, pensei: "O meu objetivo também. Estamos de acordo."

O médico fez a leitura do questionário que fora preenchido na recepção. Fez o cálculo que resultou em um score. A ideia era saber se os meus hábitos de vida estão num nível satisfatório, como também de quantas morbidades eu padecia.

E eis que o médico, após essa primeira avaliação, conclui:

— Você está bem para a idade. — Frase terrível. — Mas só saberemos realmente a real condição de sua saúde depois dos exames clínicos laboratoriais e de imagens.

O médico, depois de ainda examinar a minha pressão arterial e auscultar o pulmão, me entrega um volume considerável de prescrição de exames: hemograma, urina, exames de hormônios, vitaminas e minerais. E ainda um ultrassom de abdômen e outro de tireoide.

Saí do consultório com o peso das tarefas de bisbilhotar meu corpo.

Voltei ao retorno médico depois de dois meses. Tive problemas no convênio para liberar os exames e depois para agendá-los. É comum, depois dos 50 anos, os convênios fazerem perícias antes de liberar exames.

Cheguei na mesma recepção. Olhei para o bebedouro e já me embebedei de água. Segurei os resultados de exames como um tesouro. Foi difícil de conseguir.

Fui chamada ao consultório. Levantei rapidinho, estava curiosa sobre os resultados. Deixei cair uma parte dos exames no chão. A recepcionista fez que não viu. Recolhi tudo sozinha. Ainda bem que não estava com a crise de lombalgia que aparece de vez em quando.

Entrei no consultório e despejei os resultados sobre a mesa do médico, ansiosa. O médico demorou um tempo analisando os papéis e ultrassons.

E iniciou o veredicto:

— Olha, a senhora está com a maioria de seus resultados dentro do padrão de referência. Mas os padrões de referência dos laboratórios não me interessam. Queremos que a senhora tenha a fisiologia de uma pessoa de 40 anos. Vamos suplementar vitaminas, minerais e hormônios.

E começou a produzir uma outra carga de papéis, agora os receituários de toda a suplementação que eu precisaria para ter longevidade saudável. Aliás, ele não mentiu quando disse isso na primeira consulta.

Saí de lá um pouco atordoada e com várias questões na cabeça, quase existenciais:

"Eu preciso voltar aos 40 anos, mesmo que fisiologicamente?"

"É possível envelhecer sem suplementar e não adoecer?"

"Que velhice que eu gostaria de ter?"

As respostas não são tão simples. Mas entre encontrar a fonte da juventude e negar o processo natural do envelhecimento ou ter um envelhecimento natural com autonomia e independência, estou tendendo para a última opção.

Tenho tido dúvidas sobre as diversas propostas sobre envelhecer com saúde, no mercado médico e da estética mais ainda. Tênue limite. Separar o joio do trigo.

BACALHAU COM FAROFA

Sou uma por fora
E carrego por dentro
Outras histórias
A bisavó chegou ao Brasil
Em navio negreiro
Conheceu o bisavô
Nas sombras das senzalas
Minha avó nasceu livre
Em termos
Encontrou meu avô
Falando português
Minha mãe chegou
Ao mundo
Com som de violino
Tocado ao pé de ouvido
Pelo vô português
A bonita morena
Que nasceu ao som de violino
Se foi para a cidade grande
Namorou o italiano
Meu pai
Que ficava vermelho
De suspirar por ela

E eu estou aqui
Me deliciando
No banquete
De farofa, bacalhau e macarrão
Tudo junto

A EXTRATERRESTRE

Eu precisava cortar o cabelo. A pandemia comprometeu minha básica vaidade. Com a volta à vida quase normal, busquei a indicação de um profissional de beleza com uma amiga de confiança.

Cheguei, hesitante. O medo de sair pior do que entrei era grande. Não queria nenhuma mudança radical de imagem. Na maturidade já temos tantas mudanças que nem sempre escolhemos, e eu não precisava de mais uma.

Sentei-me na cadeira e o cabeleireiro descolado, indicação da amiga descolada, me avalia: forma do rosto e cor de pele, para indicar o melhor corte de cabelo. Pelo espelho, eu e ele iniciamos uma conversa pelas beiradas, um sondando o outro. E o bendito assunto da idade aparece em algum momento da nossa conversa. O cabeleireiro estava com 40, e eu completando os 60.

Conforme o corte ia acontecendo, a intimidade entre o profissional e eu aumentando, ele solta outra avaliação:

— Mulher de Deus, 60? Que pele é essa? Conta, vai. Botox, preenchimento? Ou o quê?

Timidamente, eu me arriscando ao descrédito total e pensando que poderia discorrer um discurso desnecessário sobre beleza e saúde, preferi respirar fundo e ser direta:

— Por enquanto, uso protetor solar e hidratante. Faço limpeza de pele com frequência. Quando dá, compro a vitamina C.

E o cabeleireiro, não se dando por vencido, completa:

— Não? Verdade? Eu já estou um tempo no Botox, no preenchimento e outras coisinhas.

Sorri, como se o que eu falei não tivesse sentido.

Parece que a preocupação com o envelhecimento tem chegado cada vez mais cedo. Pessoas com 40 anos estão se achando velha. A temática da juventude eterna ronda a mídia e o cotidiano.

Enquanto eu pensava nos novos valores e rituais sobre as mudanças com a passagem do tempo nesses novos tempos, o corte de cabelo acabou.

Olhei mais uma vez no espelho e me senti um pouco extraterrestre. Não pelo corte de cabelo.

NOVENTA

Estou

Somando os dias

Noventa

Que você

Não faz conta mais

Em sua máquina de calcular

Com suas antigas contas

Me fez crescer

E me educou

Ouço ainda

O ranger da manivela

Da nossa máquina OLIVETTI

Está aqui comigo

A me consolar

O ASTRONAUTA, A PRIMEIRA E A ÚLTIMA VIAGEM

A menina que mora em mim, aquela que andava de mãos dadas com o jovem pai pelas ruas da cidade, me salva daquelas cenas a que a Maria Lúcia adulta não resiste. A menina vê poesia.

Cheguei no hospital para visitar meu pai. O hospital fica no mesmo bairro que o acolheu por mais de 50 anos. Desde quando ele corajosamente saiu da capital e veio procurar trabalho no interior do estado, acompanhado de minha mãe e duas filhas pequenas.

O prédio do hospital é uma casa antiga com janelas amplas e jardins; foi uma fazenda de café. Apesar do belo entorno, meu coração batia forte e agoniado. Tinha pressa. O médico da Unidade de Terapia Intensiva (UTI) me chamou com urgência. O quadro clínico de meu pai era irreversível.

Percorri os corredores frios do hospital e cheguei rapidamente na UTI. Vesti as roupas de proteção. Um congelamento das emoções, e tentei também proteger meu coração do que viria pela frente. Tarefa impossível.

Conforme fui entrando no extenso salão da UTI, escutei os sons de máquinas e movimentos dos enfermeiros. Cheguei ao leito de meu pai. Ele não podia me ver. Diziam que mesmo sedado e entubado ele me escutaria. Olhei atentamente para ele na cama hospitalar, estava diferente. Custei a acreditar no que estava vendo. Aquele bravo homem e lutador até o fim estava cansado.

— É um astronauta. Está pronto para ir para o espaço e flutuar — disse a menina que mora em mim.

Eu disse palavras desconexas para ele. Ao mesmo tempo, gostaria de perguntar coisas que ele nunca quis ou pôde me responder, era minha última chance. Ao final, tudo se resumiu a "eu te amo."

Chorei. A enfermeira que estava mais próxima, cansada de ver essa cena de despedida em UTI, sorriu e com o seu olhar acolhedor me falou:

— É assim mesmo, dói.

Saí da UTI às 18h. Às 23h58, o astronauta partiu. Ganhou o espaço.

BATE SAUDADES

Sino de igreja
Sino de fazenda
Sino de meditação
É um chamado
Para a hora que se fecha nas badaladas
Para o início da missa
Para a refeição pronta
Para o olhar profundo para dentro

Escutei um sino
Hoje
Me chamou de uma ilusão
Ele não volta
Ele não volta
Trinta dias de uma ausência
Trinta dias acomodando algo
Que não se acomoda tão cedo

ENCONTRO COM A ORFANDADE

Dias atrás, encontrei na rua um amigo de meu pai, Senhor Carlos. Ele veio em minha direção e iniciamos uma breve conversa.

Sempre gostei de conversar com pessoas mais velhas. Acho que é por isso que tenho gostado de conversar mais comigo também nos últimos tempos.

Durante a conversa, o Senhor Carlos descobriu que meu pai tinha falecido recentemente. Ele me ofereceu suas condolências e pêsames, como dita os bons costumes das gerações mais velhas. Depois, olhou bem dentro de meus olhos e disse:

— Sei o que você está sentindo.

Pensei comigo: "Ele vai falar tristeza e saudades."

Para minha surpresa, ele completou:

— Você está se sentindo órfã, né? Eu também me sinto assim, mesmo velho, desde que perdi meus pais. — Senhor Carlos estava com 80 anos.

Escutei algo que deu nome a uma nova sensação que não sabia que poderia sentir após a perda. Agora, eu não tenho pai e mãe, de uma certa maneira estou órfã. Não importa a idade.

Com a morte dos pais, passamos a ser a geração mais velha da família. A nossa própria finitude se torna um tema presente, às vezes não consciente.

A menina que sempre estará em mim e o menino que ainda vive no Senhor Carlos, meu amigo, sentem falta de falar "pai e mãe e escutar filho ou filha".

Ao menos neste planeta.

CHEGADAS E PARTIDAS

Pessoas chegam

Pessoas se vão

Histórias se cruzam

Minha história

Tem um pouco da sua

Sua história

Tem um pouco da minha

Chegamos do mesmo jeito

Em lugares

Tempos diferentes

Falando outras palavras

E ao final

Possivelmente

Nos encontraremos

No mesmo lugar

Da saudade

DONA CLEO

— Cleo, vou um dia conhecer o San Andresito do Sul — eu disse numa manhã de sexta-feira, dia de faxina da Cleo.

— Senhora, vou acompanhar a senhora. — Ela me chamava dessa maneira, o tempo todo. — Não pode ir sozinha. — Ela deu a ordem final para mim.

Cleo foi meu anjo protetor durante um tempo que passei na Colômbia, país irmão e sofrido como o nosso. País latino, com desigualdades sociais tantas quanto as nossas. Mas, por eu ser estrangeira, Dona Cleo achava que eu estava vulnerável. Ela me protegia e alertava dos possíveis perigos das *calles* de Bogotá.

A cidade é grande e eu acabava ficando no meu quadrado central, em que acessava tudo que precisava. Realmente, não precisaria sair de lá.

Contudo, eu tinha curiosidade de conhecer outras regiões da cidade. Conforme meu espanhol era compreendido, ia me aventurando. Iniciei pela região da Candelária, onde ficam alguns pontos turísticos, como o Museu Botero e o Museu do Ouro, e vários prédios históricos.

Depois de um tempo, pensei em ir a regiões menos centrais, em que realmente se mergulha na realidade de um país.

Bogotá tem um sistema de transporte público chamado Transmilênio. Ele, que foi baseado no sistema da nossa Curitiba, atravessa a cidade toda em menor tempo.

Em uma sexta-feira que Cleo apareceu lá em casa, eu disse que iria usar o Transmilênio para conhecer outras partes da cidade.

— A senhora não vai lá sozinha, não — repetiu. — Eu vou junto.

Meu espanhol nessa época estava um pouco colombiano, e conversamos muito. Conforme o ônibus deslizava pelo corredor destinado a ele, Cleo ia entregando parte de sua vida. Ela morava em área rural. Família grande e unida. Aos domingos, a família se encontrava para celebrar aniversários ou sem nenhum motivo. Cleo perdeu sua filha de dez anos para um câncer. Fazia dois anos somente. Trabalhar ajudava a espantar a dor e a saudade.

Durante a conversa, seu celular tocou:

— *Hijo, dónde estás? Seguro?*

Cleo vivia no celular, conversando com seu filho. Ele era motorista de táxi, e coração de mãe depois que perde um filho não sossega jamais. Ela controlava a sobrevivência do filho que ficou no mundo para ela continuar a ser mãe.

Cleo era uma pessoa tranquila, apesar de sua dor. Fazia as tarefas da minha casa com carinho. Cuidava de mim. Ela me ensinou a fazer um frango com abacaxi maravilhoso. Colocava o abacaxi numa panela, o frango em cima com seus temperos de preferência, praticamente cebola e alho. A receita era simples, mas tinha a pitada de Cleo.

Durante a viagem no Transmilênio, ela me apresentou partes doloridas da cidade: ruas apertadas, casas precárias, crianças na rua e esgoto a céu aberto. Chegamos até uma área comercial famosa: San Andresito. Nada diferente da 25 de março em São Paulo. Vende-se de tudo a preços acessíveis e com muita gente. Tem música na rua e ambulantes variados.

— *Señora, la fruta és buena* — clamava o vendedor da barraca de rua.

Cleo respondia para mim e para o vendedor:

— *No, no.*

Na frente de alguns bares e mercados havia porquinhos assando naqueles fornos giratórios, como os de frango aqui no Brasil. Esses ela nem precisou me proibir de comer. A bandeja paisa, prato mais que típico, era anunciada em todas as esquinas, cada vez mais com menores preços, conforme a pobreza do lugar crescia.

No ônibus, entravam pessoas pedindo dinheiro. Uns tocavam algum instrumento musical, para espantar o tédio da longa viagem dos passageiros que atravessavam a cidade para trabalhar. Depois passavam o chapéu. Essas cenas cotidianas das nossas cidades grandes tão latinas.

Cleo, é claro, nunca visitou o Brasil. Ela desconhece nossas dores. Ela tem vergonha das contradições de seu país sofrido, que ela conhece muito bem. Não precisava.

Cleo, como anda você?

Não como mais frango, mas você me ensina a fazer arepas?

MAIS TEMPO, POR FAVOR

É o tempo
Vem correndo
Apressado
Esbarra em mim
Me atropela
Me deixa tonta

Com licença,
Sou o tempo
Sem tempo

Ei, espera
Calma
Um minuto a mais

Não adianta
Ele não me escuta

TRANSIÇÃO QUÂNTICA

Entrei no carro. Sou preguiçosa para dirigir. Tinha que fazer várias coisas no centro da cidade e ir de carro facilita.

Para me motivar, enquanto vencia a distância das ruas e chegava nos meus destinos, ouvia música. Agora moderna, eu uso o Spotify.

Mas nesse dia, voltei às origens e procurei uma rádio. Fui mudando as estações, meio sem rumo. Pulava de notícias para rádios sertanejas e programas de fofocas. Enfim, há um mar de possibilidades, ainda, nas rádios. Parei numa rádio que tem programas que divulgam serviços como mapas astrológicos e várias terapias, desde as tradicionais até as alternativas.

Uma senhora estava divulgando sua atividade profissional com seu baralho cabalístico, uma espécie de tarô.

O que me chamou a atenção não foi a atividade, mas uma frase que ela disse. Mais ou menos assim:

— Temos que acompanhar a transição quântica. A comunicação on-line e virtual veio para ficar. Podemos fazer tudo por essa via, como a consulta do baralho cabalístico. Não aceitar isso é estar fora do mundo atual e quântico.

Quase parei o carro e chacoalhei a cabeça. Aquilo doeu aos meus ouvidos. Que raios de transição quântica é essa? Não estudei física, mas essa história de quântico virou bagunça. As pessoas usam o quântico para tudo.

Estou tentando não envelhecer no estilo saudosista: como se as coisas do meu tempo fossem melhores. Longe disso. Mas me assusto com a falta de comprometimento com o conhecimento.

Tenho saudades de um tempo de menos propaganda duvidosa, em vários campos, especialmente do cuidado.

Em relação ao uso da tecnologia, eu entendo toda a situação da pandemia. A comunicação depois da internet rompeu barreiras de tempo e espaço. Aproxima pessoas do mundo todo. Inclusive ajuda as pessoas com dificuldade de locomoção.

Mas, sabe, quanto mais o tempo passa, eu acredito que os aromas dos lugares e das pessoas e o calor e energia que irradiamos na presença uns dos outros fazem falta. Por isso que para mim algumas atividades, principalmente as que propõem cuidado, saúde e autoconhecimento, sugerem um contato presencial.

Sei que brigo, em alguns momentos, com o mundo virtual. A tela para mim às vezes significa um muro. Daqui você não passa. Quem sabe daqui um tempo eu possa falar diferente. Quem sabe eu estude a teoria quântica para me ajudar a entrar por dentro da tela.

JANELA AZUL

Janela azul
Escancarada
Aberta para
Imensidão dos azuis
Vento forte
Vindo do mar
Traz para dentro
Tudo de fora
Da casa de janela azul

Pétalas brancas em
Flores nascidas da paz
Folhas verdes presas na
Esperança
Águas de chuva
Pingos com liberdade
Raios de sol
Vindos do futuro
Como herança
Pássaros cantores
Coro de gratidão
É só uma janela azul
Aberta para os azuis
Do céu e do mar

UMA VELHA ESTAÇÃO DE TREM

Domingo. A chuva estava chegando, mas resolvemos conviver com ela. Eu e meu companheiro de viagem da vida partimos para um passeio ao redor da região rural da cidade em que moramos.

Cheiro de chuva e mato combinam. Com um roteiro de trilhas na mão, as quais poderiam ser enfrentadas caminhando, pedalando ou mesmo de carro, seguimos.

Nós percorremos a longa estrada de terra, e em cada curva descobrimos um encanto: uma casa antiga que ainda sobrevive; uma árvore florida fora de época; uma brisa; o rio que margeia a estrada, ou será a estrada que margeia o rio? São aquelas paisagens rurais até conhecidas, mas quando voltamos sempre podemos ver algo a mais.

Depois de um tempo de percurso, avistamos uma velha estação de trem; paramos para olhar com mais detalhes. Fechei os olhos e pude ouvir os ruídos de uma Maria Fumaça. Escutei a pisada forte da máquina antiga de vapor sobre os trilhos. Também vi nas janelas rostos viajantes percorrendo aquelas paisagens de plantações de cana-de-açúcar, de rios e total natureza. O tempo desse trem antigo é o tempo de olhar com tempo.

Ainda de olhos fechados, eu vi pessoas caminhando pela plataforma da estação com roupas diferentes das que eu estava e com os chapéus antigos que ainda gosto de usar. Entrei no túnel do tempo. Naquele instante, passado e presente estavam coexistindo.

O tempo parou nessa nossa parada. Somente nós, a estação vazia, o cheiro de terra molhada e o silêncio.

FRUTA MADURA

Passei pela cozinha
Ela estava lá
Toda bonita e faceira
Olhei para ela
Madura
Peguei a faca
Tirei sua capa
Aroma de fruta no ponto
Colhida do pé
Inundou tudo
Cheirosa demais
Tirei um pedaço
Derreteu na boca
Dia inteiro
Com gosto de manga
Madura
Colhida do pé

A RECEITA DA RECEITA

A cozinha de minha casa, quando eu era criança, era recheada de tias e um pouco de minha mãe. As tias se reuniam em dias de festas para cozinhar juntas. E reclamavam sobre os tios, seus maridos e dos vizinhos; contavam piadas e riam da própria alegria ou da tristeza. Como uma equipe, cozinhavam juntas. Faziam nhoque, os picles de batatas, a dobradinha e aquele cabrito com as perninhas para cima na bandeja, que me deixavam triste. Morria de dó.

Eu acompanhava e ajudava as tias na cozinha, contudo, hoje, a cozinha não é meu território. No dia a dia dou conta. Minha mãe não gostava de cozinhar, mas minha irmã gosta e cozinha bem. Quem determina gostos e desgostos para o fazer?

Não domino a arte da culinária, mas sou fã. Me encanto pelos aromas dos temperos, pela descoberta dos sabores e pela transformação dos ingredientes. E gosto mesmo é de comer uma comida feita com carinho.

Contudo, não consigo seguir receitas. Nem na cozinha nem na vida. Agora madura, mais ainda.

Gosto das experiências. Tem uma tal de cozinha intuitiva. Tem uma tal de intuição para a vida. Tenho alguns temperos. E vou experimentando o que combina com o quê. Coleciono pós, sementes e ervas desidratadas: páprica, curry, açafrão, tempero baiano, ervas, alho, cebola, coentro, e por aí vai.

Uma vez, fui a uma nutricionista que orienta dieta vegetariana. E quando eu disse que gostava de jiló, como todos os outros legumes, verduras e frutas, ela exclamou:

— Nossa, está salva! — E rimos.

Cozinhar e viver. Às vezes falta sal, e outras açúcar. Evitamos o amargo e o ácido. Tenho de conhecer quais alimentos meu corpo e minha alma precisam para resistir ao tempo. Alimentar-se é uma ação tão complexa que envolve memória afetiva e aprendizado, mas também ao longo da vida podemos fazer novas escolhas alimentares, da mesma forma que fazemos tantas outras novas escolhas na vida.

Experimentei algumas receitas antigas deixadas pelos meus antepassados, em vários momentos da minha vida. Tenho respeito. Mas talvez recriar as receitas e temperar tudo sob meu agrado é tentar superar as receitas familiares que não deram certo.

APROVEITANDO O TRÂNSITO DE VÊNUS EM TOURO

De tantos instantes
Nos conhecemos
Desde quando a brisa
E o pôr de sol
Com o beijo prometido
Nos tirava do chão

Olhos nos olhos
Música de Vinicius
Nos levou junto

Algumas promessas cumpridas
Outras descumpridas
Rodamos o mundo
E o mundo rodou em nós

Por vezes maduros
Outras não
Perguntamos
E agora, José?
E agora, Maria?
Está desenhado no céu

NÃO TOQUE
NO TOCA-FITAS

Meu Fiat 147, anos 1970, branco e usado, me poupou do uso do transporte público por um período. Está certo que o branquinho me deixou na mão algumas vezes, mas melhor que pegar ônibus lotado e atrasado.

Final dos anos de 1980, eu era uma profissional da saúde e trabalhava em um postinho, chamado Unidade Básica de Saúde (UBS) nos dias de hoje.

Eu morava num canto da cidade, e a UBS ficava num outro canto extremo. Depois de um tempo de certo conforto com a ida de carro para o trabalho, resolvi me dar um pouco mais e comprei um toca-fitas. Ele era naquele esquema bandeja, ou seja, ele não era instalado totalmente no carro. Era um tira e põe. Um esquema de proteção contra roubo. E as músicas vindas do toca-fitas animavam minhas manhãs no percurso entre minha casa e o trabalho. Eu escutava minhas bandas prediletas: Paralamas, Titãs e Legião Urbana. Era uma maneira de me preparar também para o dia exigente. Uma UBS, até hoje, apesar de ter portas pequenas, é a porta de entrada do sistema público de saúde. Portanto não chegam somente as gripes e os resfriados, além, muita dor emocional e problemas sociais dos moradores do bairro.

Um dia, cheguei na rua da Unidade Básica e não tinha mais vaga para estacionar próximo. Estacionei o carro numa rua paralela ao pequeno prédio. Não levei o toca-fitas de bandeja comigo. Tirei-o do painel e coloquei embaixo do banco. Tranquei o carro.

À tarde, fui buscar o carro e percebi que a porta do lado do passageiro estava semiaberta. Ainda pensei: "Será que esqueci aberta?"

Entrei no carro e fui direto procurar o toca-fitas. Nada. Saí um pouco agitada do carro. Voltei para a Unidade e procurei o coordenador:

— Arrombaram meu carro e levaram o toca-fitas.

Pensei em chamar a polícia. E o coordenador me respondeu:

—Vamos antes falar com Seu Mário. Mário era o presidente da escola de samba do bairro, presidente da associação de moradores, enfim, ele era o presidente da comunidade.

O coordenador me acompanhou até a quadra da escola, escritório central, e apresentou o problema:

— Levaram o toca-fitas do carro da moça aqui.

Seu Mário parou o samba, vermelho de raiva.

— Voltem para o postinho. Eu resolvo o assunto.

Depois de uma hora, chegou um enviado de Seu Mário com meu toca-fitas e com um recado do presidente:

— Aqui nessa comunidade ninguém toca em ninguém que trabalha no postinho. Nem toca no toca-fitas.

Voltei para casa naquele dia escutando Enya para acalmar.

Por que lembrei dessa história do tempo do trabalho? Pensando no Brasil de ontem, hoje e...

AR FRESCO

A janela estava fechada
Abri
Ar fresco
Voou para dentro da sala
Meus pensamentos
Vieram juntos
Tanto tempo de vida
Celebro e escuto
Estou mais corajosa
Ou covarde
Aberta
Para experiências
Ou repetindo
os discursos
as ideias
e comportamentos
Deixo a janela aberta
Senão o ar vicia
E eu
Emboloro

AMIGOS, AMIGOS, AMIGOS

Demorou para eu entender o que é uma amizade. E talvez o significado de amizade ao longo da vida mude a partir de nossas próprias mudanças internas. A primeira referência que tenho remete a uma cena antiga. Não esqueço.

Minha casa da infância tinha uma janela na sala, coberta com uma persiana azul. Minha mãe a mantinha fechada o tempo todo. Eu vivia em cima do sofá, espiando pela fresta da persiana o que acontecia na rua.

Toda tarde, por volta das quatro horas, as vizinhas da frente de minha casa, Dona Célia e Dona Matilde, saíam e ficavam conversando por um longo tempo, alguns dias até escurecer. Ficavam em pé, na rua mesmo. Eu ficava imaginando o que tanto conversavam. Depois que cresci um pouco, inflamada pela maldade de adolescente, chamava-as de fofoqueiras. Pensava que conversavam sobre a vida dos outros. Cresci mais um pouco e, adulta, descobri que elas eram amigas. Uma delas tinha um filho com problemas com drogadição, e a outra tinha sérios problemas com o marido. Dona Célia e Dona Matilde se amparavam nas dores da vida. Aquelas horas, ao final da tarde, também serviam para o desabafo e acolhimento.

Lembrando-me da leal amizade das minhas vizinhas, tenho para mim que a amizade dá simples sinais: é aquela salada de jiló que encontro na casa da amiga, que sabe que amo e ninguém mais gosta; é sobre a amiga artesã que conserta meus colares de estima e meus momentos de tristeza; é aquela indicação de filme do meu amigo louco por filmes; são as curtidas no Instagram da amiga em todas as suas postagens, até as sem pé nem cabeça; é a conversa de duas horas, que parece que foram somente dez minutos, ao telefone com uma amiga; é a amiga que adivinha que você está precisando de apoio e te chama; é quando as amigas de infância e adolescência ajudam a lembrar o que passou e você não guardou; é aquela amiga que te coloca nas suas orações; é aquele abraço que não precisa de palavras para dizer "quanto eu gosto de você".

Poderia ficar um tempo escrevendo sobre as delicadezas da amizade, mas basta dizer que viver e envelhecer com amigos é mais leve.

QUEM NUNCA

Suspiro profundamente
Meu olhar se perde
Longe de distante
Respiro dúvidas
Encardidas pelo tempo
Escuto inquietações
Vindas de perto
Quem nunca?

Suspiro curto
Curto
Um pássaro
Faz um rasante
Canta
Tudo passa

PESADELO DE UMA NOITE DE VERÃO

Está muito calor. Caminho lentamente por uma alameda. A lado direito, vejo árvores altas e o sol batendo nas folhas, oferecendo reflexos coloridos. Ao lado esquerdo, pequenas casas preenchem o vazio. O céu está de um azul limpo, sem nuvens. Somente atrás das montanhas desponta um floco de nuvem.

Ao final da alameda, surge uma casa branca, com portas e janelas coloridas. Um jardim com diversidade de flores de cores e tamanhos se espalha em frente à casa. Chama minha atenção. A porta está entreaberta. A curiosidade é grande. Entro. Estou em uma sala. Paredes brancas, poucos móveis. Há duas bonecas e um boneco. A primeira boneca tem cabelos pretos e é do tamanho de um adulto. Ela está sentada no sofá com atividade de crochê em mãos. A segunda boneca parece uma criança e está tocando piano. A música de Bach ecoa por toda a casa. O boneco maior está sentado na cadeira de balanço e dorme. Aos seus pés, encontra-se jogado um jornal desalinhado.

Entro para o interior da casa. Logo há um quarto. Em cima de uma cama está outra boneca, de cabelos castanhos claros. Sentada, olha para mim e balbucia:

— Fique, não fuja.

Preciso sair. Uma sensação de pavor me invade. Ando para fora rapidamente e olho somente mais uma vez para trás. Respiro profundamente. O sol bate em minha pele, o frio mórbido do desconforto se vai. Estou viva. Parece que tomei a melhor decisão. Acordei. Tem pesadelos que demoram para terminar.

ENCANTO SEM CUSTO

Caminho
Ao pôr do sol
Sem pressa
Cada detalhe
Parte de mim
Fui distraída
Com imagens tolas
Enganosas
Percebi
Que o encanto
Está perto
No lugar certo
Difícil de entender
Tudo criado
Sem custo
Finalmente
Nesses tempos da volta para casa
Consumo
Tons coloridos do céu
A cada dia
Sons musicais da terra
Toda hora
Cheiros do vento
Num minuto passageiro
Gelado da água do mar

No segundo do instante
Sabor do beijo
Amado
Num tempo eterno
Sem custo

O GUIA DAS PROFUNDEZAS

Viagem rende história. Era mais uma em que a mala carrega shorts, protetor solar e chapéu. A semana estava quente, e quando tudo virou deliciosa rotina de praia, uma das pessoas do grupo de amigos resolveu fazer aquele convite que temia em viagens praianas.

— Vamos fazer um passeio de barco?

A região onde ficamos era famosa por oferecer passeios para mergulhos com *snorkel* para ver raias.

Eu não seria a chata do grupo, ao preferir ficar com os meus pés seguros na areia. Eu tinha um plano para essas situações. Ficava no barco. Sempre tem outras pessoas no passeio que temem as profundezas do mar.

No dia e hora definidos, nos dirigimos ao embarcadouro. Barco grande, possivelmente tinha umas 30 pessoas a bordo. Iam chegando pessoas de variadas idades e se acomodando nos bancos. Segundo a empresa, teria um guia para cada grupo de quatro pessoas para orientar os mergulhos.

Entrei no barco com aquele frio no estomago, meu conhecido, nessas situações em alto mar. Os guias ofereceram os salva-vidas e eu fui a primeira da fila a receber, deselegantemente, passando na frente dos idosos e crianças. Medo é deselegante. Os guias apresentaram como seriam as atividades do dia. Por uma hora, iriamos entrar mar adentro, o barco atracaria no local certo, e quem quisesse fazer os mergulhos seguiria os guias. Os demais permaneceriam no barco.

Eu fiz minhas respirações profundas ao entrar no barco e me concentrei na beleza das montanhas ao longe, na brisa e na água que vai se tornando mais verde conforme o barco se afastava da praia. Tudo para acalmar.

Chegamos no local indicado para o mergulho. A agitação no barco estava alta. Crianças e adolescentes ansiosos para pular no mar. Pais cautelosos tentaram conter a criançada. Os guias tentaram organizar a situação e lentamente se fez uma fila de pessoas para receber os equipamentos básicos de mergulho. Grupo por grupo, de quatro pessoas, pulava na água.

Olhei ao redor. Somente eu não entrei na fila de quem ia pular e mergulhar. Comecei a ficar incomodada. Olho para ao meu lado e vejo pessoas mais velhas que eu, animadas para seu mergulho, e encontro com as raias.

A sensação de covardia me invadiu. Seria a única pessoa a não ir para o mar. Esperei um pouco a fila andar e fui conversar com um guia.

— Tenho medo de profundidade. Tenho medo de mergulho — disse, constrangida.

Nunca mais irei esquecer dessa pessoa. Ele foi delicado e gentil. Entendeu meu medo e se disponibilizou a ficar comigo o tempo todo. E assim segui, guiada, para superar meu pavor de alto mar.

Esperamos a maioria das pessoas pular ao mar e fui devagar por uma escada, com colete de proteção. E o guia foi didaticamente me ensinando a usar o *snorkel*. Eu colocava a cabeça, via uns peixinhos, até que uma raia se comoveu com minha situação e veio até mim. Confesso que aquela pele lisa me incomodou um pouco inicialmente. Mas em algum momento meus olhos cruzaram com os do grande peixe e aí algo mágico aconteceu: meu medo das profundezas por instantes cedeu. Descobri que céu, mar e terra são um universo só. E que esse meu medo era só um pedaço de mim. Existem guias do mar terapeutas.

ESSES DIAS PARA CELEBRAR DATAS PAGÃS E SAGRADAS

Festa das bruxas
Vem das profundezas
Dos rituais celtas
Perto do Dia de Todos os Santos
E dos mortos
O sol passa pelo signo de Escorpião
Lembrado por Plutão
Senhor das profundezas e das sombras
Misturo tudo, sem medo
Que no fim
Dá tudo no mesmo
Morte, vida, profano e sagrado
Se encontram em algum lugar

Uma velha bruxa, astuta e temida
A sabedoria ancestral escondida
Um santo de verdade ou do pau oco
Tem a morte celebrada
Com as flores que nasceram na vida
A caveira que ri, de si e de todos
Salve o dia de *los muertos*
Vivem nas nossas lembranças
No nosso sangue
E de *los vivos*
Que, todavia, precisam ser lembrados
Porque ainda não estão mortos
Talvez mortos-vivos

ÁGUA BENTA DA CASA AMARELA

Ela se chamava Francisca, mas era conhecida por Dona Chica, a benzedeira.

Morava ao final de minha rua da infância e tinha seguidores por todo o bairro. Dor de barriga, gripe, resfriado, mal olhado, briga com marido: todos os males do mundo eram espantados com sua reza e bênção.

Nascia criança na família, tinha de levar na Dona Chica. Morria alguém, Dona Chica ia visitar a família. Ela estava presente no cotidiano das famílias. Algumas vezes, vinha gente do outro lado da cidade para ser benzido ou curado.

A sua casa era de um amarelo intenso por fora e sem cor por dentro. Quando alguém chegava, passava por um pequeno jardim repleto de flores e ervas. Dona Chica também receitava chás feitos com o que tinha em seu jardim. Podia se chegar a qualquer hora e era atendido. Quando tinha alguém com ela, se esperava numa pequena varanda. Nessa varanda, todos os santos da igreja católica, dispostos aleatoriamente na mesa de madeira, nos recepcionavam. Ao lado dos santos, sempre uma vela acesa. O aroma da casa lembrava alecrim queimado. Aroma que sinto até hoje.

Minha mãe me levava desde pequena para receber as bênçãos e proteção de Dona Chica. A senhora suscitava sentimentos contraditórios em mim. Sua pele era enrugada e seus cabelos brancos, presos num coque. No meu olhar de criança influenciada por histórias infantis, ela era uma bruxa com olhar de fada. Seu olhar era muito doce e gentil. Essa é a lembrança. Mesmo quando eu não tinha problema de saúde, minha mãe preferia prevenir. Me levava para uma bênção para evitar quebranto. Minha mãe dizia que criança pegava quebranto facilmente.

Depois que a gente passava pelo jardim encantado de flores e ervas e pelos santos e velas, se chegava na sala em que ela benzia. Duas cadeiras e ela, nada mais. A gente entrava, a mãe contava o problema. Ela fechava os olhos, empostava as mãos acima da minha cabeça e rezava muito rápido. Palavras que eu não entendia. Ela bocejava muito enquanto benzia. Isso eu me lembro bem. Ela dizia que tirava o mal e trazia o bem.

Ela não cobrava, mas aceitava presentes de todos os tipos. Minha mãe levava roupa, um doce, um bolo, dependia do dia.

Hoje percebo que Dona Chica oferecia era carinho para nós, famintos de afeto. Escutava os problemas. Colocava a mão nas dores físicas e emocionais. Não resolvia tudo. Simplesmente acolhia. Mas era uma referência para as famílias, o papel de idosa sábia de uma comunidade.

Dona Chica floresce em minha memória e me faz lembrar a velha sábia que reside no feminino: a que escuta, a que protege, a que intui, a que acredita e tem fé.

A DANÇA DOS CINCO ELEMENTOS

Somos **Terra** pura

Misturada com **Água**

Barro moldado

No **Fogo**

Imagem e semelhança

O **Ar** do vento

Nos trouxe para esse momento

Instante vivo

Do universo estelar

O último elemento

Da dança

Nos envolve

Em **Éter** dos deuses

Éternidade

O QUE SERÁ, SERÁ

Uma música que tocou e ainda toca dentro mim se chama "O que será, será". Foi famosa trilha sonora de um filme de 1956, *O homem que sabia demais*, com Doris Day e James Stewart nos papéis principais. A música atravessou o século. Ganhou versões e traduções pelo mundo todo. Eu não assisti ao filme completamente, só trailers com a Doris Day cantando. Mas a música sei cantar até hoje. Essas palavras e a melodia me acompanharam a vida toda. Ela foi plantada na minha memória no início dos anos de 1970. Minha professora da 2ª série foi a responsável por essa memória. No nosso material escolar tinha um caderno específico para copiarmos as músicas. O caderno era encapado de plástico amarelo. E lá escrevi com minha letra de aprendiz de escrita: o que será, será. Dona Ellen, minha professora, uma moça de cabelos vermelhos, muitas sardas e olhos verdes, cantava para nós, suas alunas de sete anos, essa canção que dizia da imprevisibilidade da vida. Nós, pequenas, não sabíamos ainda, mas Dona Ellen sabiamente nos avisou:

"Quando eu era apenas uma menina

Eu perguntava para minha mãe

Eu que seria quando crescer

Serei eu bonita

Ou muito rica

E ela respondia assim

Que será, será

Aquilo que for será

O futuro não se vê

O que será, será (Refrão)

Quando cresci
Me apaixonei
Perguntei ao meu amor
O que viria depois
Haverá arco-íris dia após cada dia
E ele disse
(Refrão)

Agora que sou mamãe
Meus filhos perguntam
O mesmo para mim
Serei eu bonito
Ou muito rico
E eu respondo assim
(Refrão)"

A letra dessa música faz tanto sentido, principalmente nessa fase da vida da maturidade. Imprevisibilidade e vulnerabilidade são palavras que aprendi o significado. Nunca saberei o que será. Procurei adivinhar meu destino. Sofri com antecipação pelo futuro.

Quando criança, o presente era presente. Não havia passado construído e o futuro não era de meu interesse. Depois, jovem, as perguntas sociais me atacaram: o que você vai ser? O que vai estudar? Vai se casar? Vai ter filhos?

Na maturidade, sei que o futuro está mais curto. Do passado ficaram registros tanto bons como aqueles não tão bons.

Amanhã? O que será, aquilo que for será. O futuro não se vê. O que será, será.

PAUSAS, VÍRGULAS E PONTO FINAL

E de muito
Ela somente usava
As reticências…
Se…
Ainda não terminou…
Mas num vislumbre
Na pausa de uma vírgula,
Descobriu-se forte
Solidamente sábia
Na decisão
Usou o ponto final
Fez uma leitura
Panorâmica e
Intuitiva
Para entender tudo em
360 graus
E sabia
A sábia feminina
Finalmente
Encontrou aquilo
Que faltava
No texto de sua vida
O seu ponto e final.

FINAL QUE NÃO É FINAL

A cena do filme *O expresso da meia-noite*, de 1978, está à minha frente, na tela da minha memória, ao escrever esta última crônica. O filme é denso, sobre o caso de um jovem escritor americano encarcerado em uma prisão turca. Ele foi um bode expiatório sobre questões políticas entre os Estados Unidos e Turquia. Apesar de cenas fortes comuns em filmes de presídios, a que até hoje tenho gravada é de um banho de sol no pátio dos detentos. A regra era para que todos andassem no mesmo sentido, em volta de uma praça. E o jovem norte-americano andava em sentido contrário: para se sentir vivo e não enlouquecer naquele ambiente hostil.

Escrever prosa e poesia tem sido uma das minhas estratégias de resistência e sobrevivência nesses últimos tempos. Uma forma de eu não me sentir encarcerada, e só. Principalmente nessa fase da vida, em que uma certa vulnerabilidade se apresenta, com mudanças e perdas.

As minhas 60 voltas ao redor do sol não foram iluminadas o tempo todo, como para toda a humanidade. Dias escuros foram muitos desde a infância. Dias sem sol. Faz sentido, nesse momento de minha vida, a frase da psicanálise: "A cura não vem do esquecer, vem do lembrar sem sentir dor. É um processo."

Mas resgatar parte das minhas memórias nessas curtas histórias me levou a degustar sabores doces da minha vida, além dos sabores ácidos e amargos.

Portanto, aqui não é o final, é um início. E eu continuarei a dar minhas voltas ao redor do sol, até a última, quando somos engolidos pela terra ou queimados pelo fogo. Pode ser escrevendo, cuidando de flores, cantando e principalmente andando ao contrário. Ver as coisas sob outros prismas. Parece que assim a lucidez não me abandonará. Parece que assim eu poderei degustar da minha maturidade e da minha velhice com uma certa liberdade de ser.

Não quero ser aquela pessoa idosa que pode tudo, nem aquela que não pode nada. Gostaria de ter essa sabedoria para gerenciar minha energia vital, que naturalmente muda com o processo de envelhecimento. Tenho uma história e tenho um tempo inscrito em mim e não gosto de negar. Procuro escapar dos estereótipos da velhice. Cada ciclo com seus ganhos e perdas.

No fundo, o que gostaria mesmo é de validar minha história e deixar um legado de felicidade para as minhas próximas gerações.

E paro por aqui, me sentindo de certa forma corajosa ao compartilhar esses pensamentos e sentimentos ao voltar para casa, em prosa e verso.